RESUMEN DEL ACTA DEL JURADO

En Albolote, el día 25 de septiembre de 2024, reunido el jurado del Premio de Poesía Joven "Antonio Carvajal", una vez examinados los libros finalistas, de muy alta calidad, acuerda por unanimidad proclamar ganador de la vigésimo séptima edición al libro *Todos los días veo una rotonda y pienso*, del que es autor Álvaro Alcaine Rueda, de 23 años de edad y nacido en Zaragoza (España).

El jurado valora la originalidad y audacia del poeta al transitar por nuevos caminos de la poesía, un punto de vista distinto, una ventana mediante, escandiendo el tiempo al ritmo de las horas canónicas.

En esta XXVII edición del premio, el jurado ha estado compuesto por Eugenia Rodríguez-Bailón Fernández, Concejala de Cultura del Ayuntamiento de Albolote y Presidenta del mismo, además de Jesús Munárriz, Poeta y Director de Ediciones Hiperión; Antonio Sánchez Trigueros, crítico literario y Catedrático Emérito de Teoría de la Literatura y Literatura Comparada de la Universidad de Granada; Francisco Castaño, Poeta; José Antonio Ramírez Milena, Poeta; y Antonio Chicharro Chamorro, Catedrático Emérito de Teoría de la Literatura y Literatura Comparada de la Universidad de Granada y crítico literario.

poesía Hiperión, 844

ÁLVARO ALCAINE RUEDA

TODOS LOS DÍAS VEO UNA ROTONDA Y PIENSO

Álvaro Alcaine Rueda

Todos los días veo una rotonda y pienso

XXVII PREMIO DE POESÍA JOVEN
«ANTONIO CARVAJAL»

Hiperión

poesía Hiperión
Colección creada en 1975 por Maite Merodio
y Jesús Munárriz
Diseño gráfico: Equipo 109
Foto del autor: Archivo del autor

Primera edición: 2024
© *Copyright* de los poemas, Álvaro Alcaine Rueda, 2024
© *Copyright* del dibujo de cubierta delantera, Álvaro Alcaine Rueda, 2024
Derechos de edición reservados: EDICIONES HIPERIÓN, S. L.
Calle de Salustiano Olózaga, 14 • 28001 Madrid • Teléfono 620405115
http//www.hiperion.com • e-mail: info@hiperion.com
ISBN: 978-84-9002-246-7 • Depósito legal: M-23556-2024
Entorno Gráfico • Atarfe • Granada

IMPRESO EN ESPAÑA • UNIÓN EUROPEA

Todos los poemas que aquí se muestran han sido escritos

desde mi ventana, en un atento ejercicio de voyerismo

e ingravidez, mirando hacia la Plaza Wolfang

Amadeus Mozart, de Zaragoza.

Salve, lector. Aquí

su réquiem.

Á.A.R

El mundo no se hizo para pensar en él
(pensar es estar enfermo de los ojos).

ALBERTO CAEIRO

Las ventanas se han estremecido,
elaborando una metafísica del universo.

CÉSAR VALLEJO

Yo quiero que te asomes a cada hora
como un preso aferrado a su ventana
y que sean las piedras de la calle
el único paisaje de tus ojos.

J. M.ª FONOLLOSA

A quién si no a vosotras,
Elisa y Sara.

A mis padres,
a quienes todo debo.

A Juan y Daniel,
inevitablemente.

Al que lo leyere,
mis disculpas.

OBERTURA

POÉTICA

El automatismo
es una vanguardia acelerada
y las rotondas son su manifiesto.

CECI N'EST PAS UN MANIFESTE

Está claro que el arco del ciprés
   te es ajeno
      en tanto en cuanto prisma
        de luz incendiada
          de luz infausta
           de luz acribillada

está claro que nada te importa y nada te interesa

   has de saberte pira cuando llegue el invierno
   has de saberte cielo cuando se cierna la tormenta

pero diviértete   no hagas arte   eso no vale para

      N
      A
      D
      A

descree
no hay dios sino Dios mismo
   sé valiente
   atrinchérate en la

N
A
D
A

haz que valga la pena todo el azul derramado
      borda los ceniceros con la claridad que se merecen
      con la oquedad a la que renuncian

                        pero
                        DIVIÉRTETE
                        (eso es lo más importante)

muta
sé
imprev
                isible
        como el quiosco de los domingos
        como la luna en suspenso
        como la sangre aprisionada sobre un banquete de cielo

CREA
pero no crees
(DESTRUYE para crear)

(pero no crees)

mide bien el incienso que resta en las estrellas

acongójate
balbucea
gime
rabia
pero no crees
        ni creas

CONFRÓNTATE

arrabales de tristeza se ciernen sobre el poema

olvida las palabras
        escapa
                otea
                    vuelve a escapar
                            vuelve a otear

destruye
crea
(la memoria es un atraso)
lo dice mi lápida:
        NO VAS A PERDURAR

así que diviértete
      (haz que merezca la pena)

la luz calla en sinestesia abrupta
se van apagando las farolas
poco
     a
          poco

             len
                 ta
                     men
                         te
                            ...

y yo dejo de escribir este manifiesto que descree de sí mismo

GÉNESIS DE LA LEGAÑA
(De maitines a sexta)

METALEPSIS

Sombras núbiles.
Transparencia de árboles
muertos en su fruto:

GÉNESIS!

Onzas de dolor repartidas
equitativamente
entre el cielo
y mi vista:

ASOMBRO!

Ceguera tanto más
callada cuanto menos
comprendida:

REVELACIÓN!

Cénit. Civilización.
Ceniza. Cieno.
Circunvalación:

ROTONDA!

Nadir. Barbarie.
Ventana.
Un contrapunto de mí
que se retira:

METALEPSIS?

AUTOS DE FE

Suceden muchas cosas en este estreñimiento de luz
que es el día apenas bostezado.
Es tan triste que los maitines
(rotundos tambores en anuncio)
no giman esta mañana...

Pero vagamente percibo lo que callan,
el hueco de voz
que queda como pagaré en el silencio.

Y aunque me es suficiente,
no se puede rezar un avemaría
con la tonadilla que tercamente
acato todos los días
desde esta celosía
que es mi ventana en suspenso:

pasan, como escarabajos ordenadísimos,
un trillón de autobuses, coches, motos, bicicletas...
con su inmensidad de ruido en la joroba.

Los veo pasar, sí.
Ahí están,
con su impertinencia de humo negro.

Y también los veo alejarse,
y cambiarse por otros nuevos a cada instante.
No son los mismos, ya lo sé,
pero paréceme a mí,
efectivamente,
el mismo autobús, el mismo coche,
la misma moto, la misma bicicleta...
como si no se hastiasen de vivir
su existencia en absoluta
circularidad hilarante...

*

(El tráfico sigue, aplastante. Los maitines quedan completamente opacados. Tan solo se oyen chirridos de futuras tragedias inevitables: autobuses, coches, motos, bicicletas... son ya los heraldos del mensaje divino)

LA ROTONDA
Callad. Callad. ¡Callad de una vez!

EGO
¿Seré politeísta?

HE OÍDO UN ACCIDENTE QUE NO HE VISTO Y ASÍ LO REPRESENTO
(POEMA SONIDISTA)

π   π   π
(larga cadencia)
π   π
(menor cadencia)
π π π π
(clamor)

CHAF. PLOM. PUF. ÑÑIIIII. PUF. PLOM. CHAF.

EL GALLO
Kikiriki!
LAS CAMPANAS
Clong.
LOS VIANDANTES
(asombro de viandante)
LA GRÚA
Mec. Mec. Mec.
EL AFILADOR
Ñ́ñña. Ñ́ñña. Ñ́ñña.
LOS BOMBEROS
Nino. Nino. Nino.

...

25

(silencio)

EL DE LA FUNERARIA
Chiclín. Chiclín. Chiclín.
LOS DEMÁS COCHES
π π π π π
(cinismo)
YO
(aún más cinismo)

IMPERCEPTION, ROND-POINT LEVANT
(POEMA *MIOPISTA*)

Bulbos de luz
    círculos concéntricos
        nimban la silueta de mi ojo

    todo son manchas
        impercepciones
            esbozos de un paisaje relajado y difuminado
                rotundamente

    sábeme
    consciente
        de que lo que ahora es nada
            antes
            fue
                forma geometría proporción
                áurea perfección rectilínea

    masas y bultos y sombras insignificantes
    huidizas ánimas de hueso y humo

      el sol no ha salido de verdad esta mañana
        (ha sido un simulacro)

el mundo

se

está

cr

e

an

do

mientras yo lo pienso

CAVILACIONES DEL ADJETIVO

Y por esto fumo, para buscar adjetivos.

JOSEP PLA

El adjetivo, cuando no da vida, mata.

VICENTE HUIDOBRO

Cuando mi cigarro se desnutre
en girones de pavesa,
cuando su tórax adelgaza,
    llameante;
cuando espero ser alcanzado
por el vaho de luz
que fulge con envidia;
cuando de vicios ordeño
las horas contemplativas de odio,
somos uno,
    doblemente,
yo y el adjetivo,
como una suprema cavilación
del instante.

Sospecho que nadie vendrá,
que nadie entrará en mi cuarto

para desearme los buenos días,
para escupirme siquiera.
Nadie.

   No......

Nadie vendrá
a celebrar mis hombros llenos de altura,
ni a convidarme al diminutivo cariñoso.
Nadie vendrá a comprobar que existo,
si acaso he muerto, si vivo apenas.
Nadie me cavilará en mi suspenso.

Adiós...... Adiós...... Adiós......

Enflaquezco como mi cigarro,
como mi alma eterna,
nostálgica de nombres y mayúsculas,
y es como si esta mi mórbida soledad
se me abalanzase y perturbase mis sábanas,
mis calzones y hasta mi tibio subjuntivo......

Doblemente,
doblemente enfermo de piedad.

Se acabaron las tardes de meriendas pulposas;
se acabó la gratitud, el anís que percute.
Se acabó el escalofrío, el incógnito, el regazo……

Enviudé de adioses y de ombligo,
triste, huérfano, solo……

En fin, el adjetivo.

GARGAJOS

Enarbolado e ingrávido,
como inédito de la altura
que no me corresponde,
        acecho,
escoltando con mis ojos
un paisaje que nace y muere
conmigo: es cenital su dolor.

        Y escupo,
y dejo que la gravedad haga el resto.

Y vuelvo a escupir,
me enjuago con gargajos de odio,
y como proyectiles sin vientre
los despacho de uno en uno,
regocijándome en mi saliva,
envidiando el germen
que plomizo cae y desaparece.

        Y maldigo
mi suspenso demiúrgico,
como el que se duele de no alcanzar

el cielo con sus misericordiosas palmas:
la aplastante muerte de vivir desposeído
de lo que uno más quiere y anhela.

Al fin y al cabo,
las cosas
caen
por
su
propio
peso:

¿Qué ventana
se arrojará
sobre qué
yo?

¿Qué escupitajo
envidiará mi
gravedad
inversa?

ESTA MAÑANA HA LLOVIDO Y HE PENSADO QUE

Hoy la rotonda ha amanecido como nueva
                    en plena inauguración de sí misma
sin la necesidad de que un concejal porte unas descomunales
                                        tijeras]
y corte de todo menos el tráfico vertiginoso
de los lunes por la mañana

se superponen los coches: paréceme tan sólo uno
            uno muy grande y con mucha legaña dentro

qué acto inaugural es este si ya todos conocen
como la palma de sus sienes las partituras de asfalto
por las que han de conducir sus grandes cacharros de humo?

llueve muchísimo en esta trinchera
pero curiosamente no existe paraguas tan impermeable
como el de la distancia
como el de mirar desde lo lejos
                    en calidad demiúrgica
                                cual un dios postmoderno
que abraza los rimeros de hojalata apelotonados por fichar en
                                        la horca]
            (es el desguace su descanso último)

si esta rotonda ha amanecido como nueva
es porque yo la estoy mirando
                    exactamente igual que todos los días

quizás sea yo quien cambie
en la circularidad dantesca de este infierno de ruidos estridentes
y de aullidos industriales
pero es mucho más fácil asumir que lo que muta
es lo otro
                lo ajeno
                    lo inmóvil

sucede que yo soy lo inmóvil
y no hay mirada que me cree
y no hay lluvia que me inaugure
con cada palpitación de la tijera

DIOS-DADÁ

Me pregunto

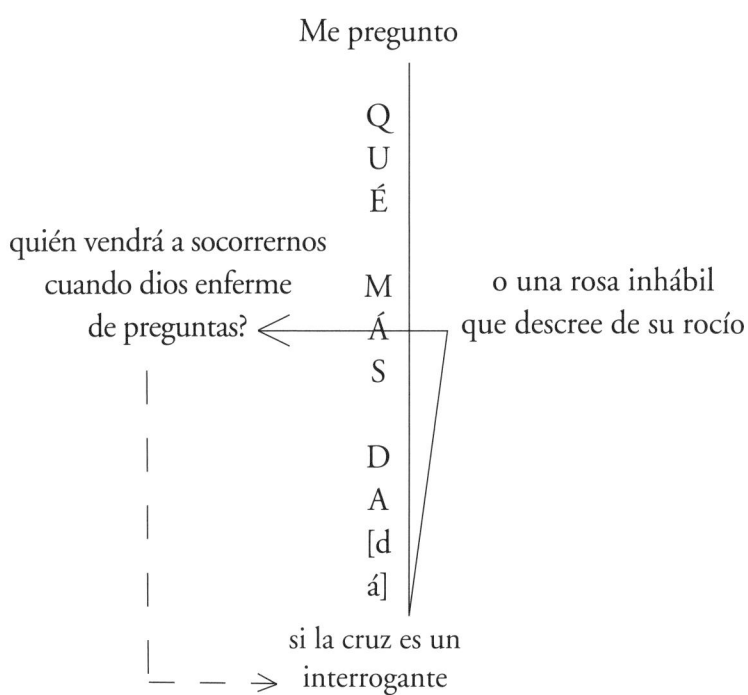

Q
U
É

quién vendrá a socorrernos
cuando dios enferme   M   o una rosa inhábil
de preguntas? ←   Á   que descree de su rocío
                             S

                             D
                             A
                             [d
                             á]
              si la cruz es un
          ⟹   interrogante

SER EN MIOPÍA

El día, que comenzará Ayer
ribosómico de pájaros,
piénsase atril en el horizonte.

A riesgo de ser letal,
me confundo en los nudos incomprensibles
que se forman en las trenzas de ser
en Tiempo y Era:
                    culmínase todo.

Me creo, a cada instante,
y me pienso
en arbitraria consistencia ciclotímica.

Hállame, Dios.
Hazme preguntas.
Hablemos del Ayer perplejo
porque soy miope de substancia.

EL CORTIJO CHARRO

Con cuanta pericia se agazapan al sol los jornaleros
en el Cortijo Charro
                todos los mediodías
                        de todas las estaciones
                                de todos los siglos.

Allí fuman sus cigarros,
aplastan mórbidamente las colillas en un barril de madera
que parece ser testigo del estrés de la jornada.

El humo se concentra en ese semi-pasillo
con un toldo jamás desplegado
por culpa del cierzo aragonés
que tanto corta la mirada.

Allí fuman.

        Se compadecen.

                Se ausentan
                de los lugares en que deberían estar

Es una cesura para ellos // el trabajo:
                    dos funestos hemistiquios
                                    de grasa
                                    y aceite
Allí fuman
        y no recuerdan los vagidos de sus primogénitos
        y no duermen los besos de sus queridas esposas
        y no extrañan el calor de sus madres
        y claman con la sed de Nadie otra ronda impagable

Allí se pierden
en ese semi-claustro de luz
con apenas dos ventanas traslúcidas
repletas de celo rancio
que un día sostuvo algún cartel publicitario
                    o alguna esquela tirana.

También beben,
y miran a los que andan a su alrededor
            como liberados esclavos,
y saben que deberían envidiarlos,
pero se ríen de ellos por no gozar de la vida
como ellos sí lo hacen.

                    El sol los aplaca.

                        Ellos lo buscan.

Ríen.

      Insultan.

            Desprecian.

Están a pie de calle siendo los reyes del mundo.

Entran a por otra cerveza.
Se fuman otro cigarro.
Colman el barril del Cortijo.

Beben mucho,
fuman mucho.

Pero sobreviven

           casi

erguidos.

EL TIEMPO DEL ALMÍBAR
(Nona y vísperas)

INCÓGNITO, AJENO, YO MISMO…

> … Pensar en un hombre
> se parece a salvarlo.
>
> ROBERTO JUARROZ

Inmaculada la tarde de civilización,
veo a un hombre que pasa,
triste, como harto de sus zapatos.
Azótale un aire desagradable,
embrutecido, en su cara astillada
de lamento… Qué padecer el suyo!
Si hasta me duelo yo por ese extraño,
y quiero bajar, y preguntarle, y charlar
de las cosas que nos dan dolor sin remedio…
Pobre pensativo… labriego meditabundo
que arrastra su tristeza como arando
parte a parte la calzada! Quisiera oír,
de veras, sus cuitas; de su alma
los soliloquios… Pero no puedo
sino observarle en la lejanía,
impávido, impertérrito…
Ojalá erguir esa su corva postura,
su chepa alquitranada,
con un negocio de palabras puras,
maternales!...

Ojalá sembrar en su huerto triste
un sinfín de plurales!...

Pero ya se va… Ya se aleja…
Desconocido de mí y de todo el mundo…

Incógnito, ajeno, yo mismo…

SINIESTRO TOTAL

Toneles de incienso ruedan por la costilla del almíbar
en movimiento frenético de pausa

las ciruelas
       en cambio
se travisten de noche cada madrugada
y se colocan sutilmente una capa de refinadísimo lino

            todo un círculo vicioso:
            el gusano y la piedra
             la piedra y el gusano
          en perfecta simbiosis azucarada

así sucede con los coches
que velozmente huyen de la raíz
apresurados por arribar a la planicie del humo

son parásitos del metal que los con-
                     mueve]

se autofagocitan
           se desean

vomitan incansablemente carburaciones negligentes
y música de *radio-cassettes* desastrados de los años ochenta

en los accidentes
suceden imprevisiblemente las rotondas

EL PARTE METEOROLÓGICO AUGURA AIRE Y ASESINATOS

Las esfinges son como las coronas azules del ojo
y cuesta mirar el cielo a través de la sangre de los gorriones
      es cierto
           pero las persianas se enrollan en soliloquios
                                aburridísimos]
      sobre literatura paisajística
                y
compréndanme
        yo me aburro como una ostra

mientras los vencejos se calzan sus botines intactos
contemplo las arcadas del aire
cómo este va zarandeando sin querer
tickets de supermercado
que ascienden a la somera cantidad
de treinta euros infaustamente devaluados

      tampoco veo en la luz
            que se proyecta desde mi ventana
nada que merezca demasiado la pena

el día se adormece como ahorcado en su color umbilical

       raíz y mármol
ruborizan las ventanas más lejanas a mi vista

     pero el color es una mentira
             y la torre que se ve allá a lo lejos
dicen algunos que es como un *wáter* inmenso
en el que los ángeles depositan sus heces divinas

si tañen las campanas
no dejéis que me levante

colgad de una percha todas las tijeras
               los ladrillos
    los alféizares sucios de tormenta
            y dejadme en paz

          *

el *voyeur* trama con los ojos
lo que el asesino con el puñal tras la espalda
aún nada ha sucedido
y ya sabemos todos cómo
             acaba.

EL MINUTERO DE LAS ROTONDAS

En la víspera de la rotonda
que habrá de suceder pasado ayer
las luces profieren lancinantes mentiras
a la calurosa tarde que se deja atrás
sin remedio. Tal es así
cuando vienen a adherirse las campanas
a la costura del ruïdo donde volitivamente
me encarcelo: soy reo de la postmodernidad
y mi letrina es confusa; y mi inmensidad, defecable.
Desguázame sin titubear la mayúscula horca,
pueril y harapienta, de los tiempos
que se auguran pasados. Ah! El Tiempo!...

Ya una mentira de hiatos.

TARDANZA DE MAR

Tardanza de mar. Estelas infieles.
El desaliño del verbo engrandece
la orilla. Falsa concha. Falso todo.
Rompe y se dobla. Es harto inmoral
este recuerdo. Padece el molusco
su fingimiento. Y rompe, y se dobla.
Y se estrella. Y se accidenta. Y sucumbe.
Mis ojos imaginan lo posible:
¿Qué en potencia? Trenzas que ahorcan
las horas sitiadas en que contemplo
lo que no existe con inmensa cólera.
Y me doblo, y acabo por romperme
en mí mismo, como las olas que
ahora desconozco. Es infértil
la dura bocanada azul del cielo.
En nada se copian sus apellidos
de sal y espigón; de aceite y orfandad.
Mis ojos son el hueco donde canta
para sí el espejo pletórico
de la infame mentira que es
el recuerdo. Plañe ya mi mirada.
Qué atroz. Qué todo. Cuánto naufragio

de sinsabores. En esta mi paz
de niño sediento, echo de menos
demasiadas cosas. Y si pienso en
el mar, acábase por erigir
ante mí un descomunal desagüe.
Sucede: soy huérfano de horizonte;
embrutecido vástago de la
gravilla. Dolorosa prueba gris,
peatonal, de que el mar queda aún
muy distante de mis ensoñaciones.

SOBRE CÓMO UNA NIÑA APRENDE A DOMAR LA BICICLETA

Siempre he pensado que las aceitunas son como soles
                                    sumergidos en un estanque]
o como la nariz lloriqueante del sietemesino que pide descanso
                                    con su música]
con forma de tacón o de cuna herida

jamás una espina ha denunciado los densos cielos que la
                                    abrazan]
ni tampoco ha buscado niños en el fondo de un cinturón
                                    agujereado]
                          mil millones de veces

cavilando
porque mastico
me pregunto si habían de sucumbir
las lágrimas del patín
                    que silbando va

mas el día en que conocí a Álvaro Alcaine Rueda
lo asesiné despiadadamente
en la curva nutricia de la ventana
sin otorgarle la posibilidad
de la palabra última

cruel   apócrifo   y especular

es curioso verme reflejado en la barandilla enmohecida
hacia la que desemboca la marquesina plena de mendicantes
                                        en vilo]
que fríamente calculan el tiempo que resta
para la próxima llegada del autobús número veintiuno
                              o treinta y nueve
                    o treinta y cinco

se venden al mejor postor
y oprimen sus sienes de avestruz
contra las momificadas cifras fluorescentes

        recién nacido
un brote de luna difama las voces agujereadas del viandante
promedio
y va cantando un prestado rumor de axilas
y de cáscaras
y de signos
y argenta las lágrimas de la niña
que está aprendiendo a domar la bicicleta
                        sin ruedines de esparto

qué ternura la suya
y qué entrometimiento el mío

TODOS LOS DÍAS VEO UNA ROTONDA Y PIENSO

Raíz abrupta de los siglos
        fantasmas de quitaipón
abren sus ruedas dentadas en el ladrillo de la tarde

                sacos de automóviles
se desgarran
        contra la escalera
            de caracol
                de la cocina

        (hay muchos carteles publicitarios
        anunciando el desorden
        de las cebras)

muchos mueren aplastados impunemente
contra la gravilla que escupe el asfalto
pero por mi ventana se puede ver el mundo
           el mundo cabizbajo
                el mundo intermitente
                  el mundo desgraciado
de tanta señalización abrupta

un cálculo matemático nos impide montarnos en el tranvía
    y el autobús es un gallinero de cabelleras peleadas
    y de calvicies gruñonas
        desdeñosas de brío

muerte   papelería   ruido

furgonetas blancas que ensucian el horizonte
                de las rotondas

    quién quiere un trino
        cuando nace un claxon
            de la tierra?

        es el
      au-to-ma-tis-mo
       el que nos salva
    de la ciudad y su indiferencia

LA NOCHE BALDÍA
(Completas)

RÉQUIEM

Paréceme célere el dogal que se me coloca hoy al cuello.
¿Es ya la hora? ¿tan temprano tolondrean las campanas?
¿Ya viene la ventana a calcar su luz de sangre en la enramada
dc los scmáforos inquietos?

Aprisa. ¡Ya viene!

Apenas pude arrancar de mis ojos un puñado de arena
y lanzarlo iracundo sobre todos los automóviles
que estuviesen pintados con almohadas de pato.

    Pero claro,
el almíbar de los balcones clamaba a gritos una asfixia de hierba,
o, en su defecto,
un gemido de hueso milenario.

¡Ya viene! ¡Ya viene!

Sería más fácil comenzar por el principio:
la Luna es una mentirosa,
pues crepita cual pulpa asfixiada de casamiento,

pero jamás se le he ha visto plañir
por los sumergidos andamios de las ventanas.

¡La luna, que ya viene!
Dijeron los ancianos al bajar a la calle.

(Como extático, abrevan
las sombras en derredor
de mi testa morrocotuda).

¡Ya viene!
¡Ya viene la Muerte
en forma de noche y de espadachín negrísimo
sobre un caballo de plata mustia!
                              ¿Es ya la hora?

                    Clong

Clong.
                              Clong.

          Pudo al fin detenerse el reloj.
          No así las campanas que restallan aquí,
          en lo inmediato,
          dentro de mis oídos sutilmente ahorcados.

*

Cof. Cof. Cof.

*

(Clamoreo)

LAS CAMPANAS MAYORES
Clong.

LAS CAMPANAS PEQUEÑAS
Clong.

LA CAMPANA MEDIANA
Ay!

LA FE DE LO HUMANO

Dejadme rezar,
que me sangra la fe…
Dejadme rezar!...

Reza el panadero, el peón
en su altura
(que es la mía),
también la paloma,
las campanas acaso…
Pero yo no puedo!
Otear a Dios
es el sumun de la herejía…
Pero yo no puedo!
No puedo…
sino contemplarlo enclavado
en mi fe hueca, de mentira…
Creo en Dios porque no creo
en los hombres apátridas
de lo inmanente, de lo propio,
su espíritu revolucionario.
Creo en Dios porque no lo veo,
porque de mi horno no crepita

un pan mustio sin raciocinio,
porque mi altura está a salvo,
porque de mi hígado no ha nacido
un pico aún que me escarbe...
porque el estallido de la muerte
lo siento todavía lejos...

Pero dejadme rezar... aunque
no lo merezca demasiado,
pues me sangra la fe...
la fe de lo humano.

¿LLUEVE, MADRE?
(3 de agosto de 1936)

¿Te imaginas que aquí hubiera una guerra de verdad?

FERNANDO FERNÁN GÓMEZ

diré a pesar mío
la derrota

AITANA MONZÓN

La luz carcome
las estancias vacías
en que no estoy:
diré, a pesar mío,
la derrota?
la diré? verdad
que no la diré?
soy a la sombra
lo que el dolor
a los hombres:
huiré? verdad
que no huiré?
en las palmas
huecas del fuego

descubro la lluvia,
el eco
—no acaso la tregua—
y el cielo silba
y se abre
mientras agonizo

me extingo en
la brevedad
de la luz
que no me atañe:

caen bombas?
verdad
que
no
caen
bombas
esta
noche,
madre?

SIEMPRE HE PENSADO QUE ME REPUGNAN LOS GRILLOS Y JAMÁS HE VISTO UNO

Bastará saber que los grillos
son como conserjes esperando en la puerta de la farmacia
                                        ahí
con su luz verde
en una encrucijada de serpientes
sobre lo que parece una pila bautismal de analgésicos

(de noche
                    no es tan solo de noche)

si los grillos esperan la tiza
tampoco la reciben
sólo la amontonan en sacos de ruido
y de piedras *yoístas*
que homenajean alegres
la noche del individuo sonámbulo

las paradas del autobús están infestadas de grillos
y no me gustan los grillos
              ni su azufre

los farolillos
(por no hablar de soles contenidos sobre un recipiente vítreo)

que se esparcen por la rotonda
son arbitrarios e irreverentes
                              y la policía los confunde
(también las ventanas encendidas)
con un aborto de ciprés
que se hace el gandul entre la maraña de arbustos
en la quincuagésima edición de esta rotonda

pero los automóviles son facsímiles
hechos a la medida de la farmacia
                    que ahí queda
                                    resplandeciendo
          y verdeciendo lo que resta de noche
(son aún entradas las diez y media)

cien mil cadavéricos tesoros de alambre hieren la sangre
de la oca que cojea sobre el humo
y yo me detengo
y estoy seguro de que

                    pensar así
es la única manera   racional

                    ¿?

          de no volverse completamente loco

SÍSIFO

Una y otra vez,
acato el absurdo de las ciudades.
Si hoy viviese Sísifo,
su ventana daría a una rotonda.

INSTANTE DE SOMBRA

Como malvas rabiosas de carne
se apilan mis huesos sobre la gravedad
de la silla. Desde ahí, todo lo contemplo
y todo me contempla a mí
de forma indiscreta: los niños a mi altura,
los adultos empequeñecidos,
las ventanas que se multiplican por la noche.

Defenestraré mis ojos
y nadie vendrá a velarlos.

Fenecerán lejos de cualquier árbol,
de cualquier picarra, de cualquier espiga.

Y quedaré yo,
                    todo cuenca,
                    entera ausencia,
                              sólo,
eternizando el instante de sombra
en que muero de vista
pensando el mundo.

ME CONSTA QUE LOS PERROS PASEAN POR LA NOCHE Y QUE NOS ODIAN MUCHÍSIMO

Aprisionado en un infinito de taxis blanquísimos
la ventana se sugiere como una respuesta certera
a la oleada de semáforos en verde que se agolpan
                    contra los semáforos en rojo
                          y que se astillan
                                ante los semáforos en ámbar
                                (inexistentes)

            nadie pasea por los arrabales de la Jota
tan solo los árboles chivatos que se escabullen
por la sombra del parque próximo al pantano
de azufre que es la calzada

           y doscientos perros se adueñan del horizonte
                   perros blanquísimos
                         marroncísimos
                              cejijuntos
esmerados
en dar lametazos a cualquier tobillo alcanzable

           se engominan
se idolatran entre ellos
               son perros solitarios a los que nadie pasea

conspiran
acatan el frescor de una correa que nadie lleva
        husmean la sangre y el hueso
                // orgullosos
                caninos //
                // lázaros de colmillo blando //

en los bancos de las navajas verdes
orinan lascivos en forma de protesta
(no como facilísimo mecanismo
para marcar territorialidad alguna)

        ladran a no sé sabe muy bien qué
                                o a quién

        si a sus iguales
                        o si a los perros

        duermen solos
        a la intemperie
        sin mucho frío   pero con harta hambre

tienen sed
                pero la saben disimular

                                y nos odian
                nos odian muchísimo

SEGUNDA LEY DE GRAVITACIÓN UNIVERSAL

Newton
        NO

                c
                        a
                                e

QUÉ
                e
                        a
                                c
YA
        a su
        NO
                vuelo?

    espinas que por ya un dónde cervical
                irá tierra,

                        incertidumbre

POEMA

Rematando en cadencias
pespuntes de escopeta,
clamor quizás,
no aljibes de pólvora,
sino el verso libre de mi alma;
revocando costuras que humean
papeles deshechos en ritmo
truncado;
reptando de la écfrasis hacia
el melancólico objeto descrito…
Anhelando la palabra,
la rima, el blanco,
de buena gana escribo
y hablo.

La doblez de sílabas,
el gerundio afrancesado,
el imperfecto de subjuntivo
que se olvida, hermoso
y español, de su tiempo…

Fuera el recuerdo
un estruendo metafísico
de diptongos; un hierático
clamor de hiatos moribundos.

Ubérrimo y nupcial,
entrego mi palabra
al féretro cuadriculado,
blanco,
donde acaba por nacer,
ya vuestra.

DESPEDIDA Y SALUDO Y VICEVERSA

Y vuelta a empezar
(todo ha acabado)
fin y principio
son difusos
se hermanan
en un mismo punto

génesis
y muerte
confluyen
se congregan
se abigarran
se apelotonan
lleganse al mismo
ombligo

cuántos individuos hacen falta
para considerar
un plural?

cuántos individuos hacen falta
para considerar
un individuo?

cuántos émulos de sangre se requieren
para civilizar
mi nacimiento?

acábase el día
y nace otro
y otro
y otro
y otro
y otro

engendrándose
muriéndose

teniéndose
por respuesta

a sí mismo

y vuelta a empezar

CODA
o *El triunfo del poeta*

~~CENSURA~~

Cabezas maniatadas
sesos pensantes   que se relamen en el frío
censuracensuracensuracensura
                 es obvio
    qué?
         ~~por~~ qué?

las violetas censuran su luz
                    acongojadas de cielo
y de gomina   y de trajeados almanaques
sufridores de rocío
           DEJADME ~~DECIRLO~~

rayas diplomáticas   corbatas de incienso
     verdísima sonrisa obscena   martillazo que juzga

acábase el espectáculo

         el telón no
             cae
                (se pone a subasta)

quién imparte esta lección de maldad
?
                    N'A JAMAIS RAISON

NIHIL OBSTAT
                    porque nada entienden
              en este amanecer sangriento e incomprensible
              en este torrente minúsculo impronunciable

laderrotadelasnoquenocomprendeestaspalabrasynolascensura
                    el triunfo del poeta

Me aparto de la ventana, me siento en una silla. ¿En qué voy a pensar?

ÁLVARO DE CAMPOS

ÍNDICE

EL TIEMPO DEL ALMÍBAR
(Nona y vísperas)

LA NOCHE BALDÍA
(Completas)

La primera edición de *Todos los días veo una rotonda
y pienso* de Álvaro Alcaine Rueda, maquetada en
los ordenadores de Ediciones Hiperión en
tipos Garamond en octubre de 2024, fue
impresa en los talleres de Entorno
Gráfico en el mes de noviembre
del año 2024.
BEATUS ILLE...